First published in Great Britain 2018 by Child's Play (International) Ltd
Ashworth Road, Bridgemead, Swindon SN5 7YD, UK

Dual language edition first published in 2019 by Mantra Lingua
Global House, 303 Ballards Lane, London N12 8NP
www.mantralingua.com

This dual language edition published 2021

ISBN 978-1-78784-709-5
Printed in UK

A catalogue record of this book
is available from the British Library

MANTRA
LINGUA

# ایرل کا باغ

# Errol's GARDEN

بیج

## GILLIAN HIBBS

Urdu translation by Mahmood A.

مجھے پودے اگانے کا کام بڑی اچھی طرح آتا ہے۔

I'm really good at growing things.

میں یہ کام اتنے اچھے طریقے سے کر لیتا ہوں کہ اب میرے پودوں سے ہمارے گھر میں جگہ کم پڑنے لگی ہے۔

I'm so good at it that we started running out of room at home!

میرا تو دل کرتا تھا کہ ایک
سچ مچ کا باغ ہو۔

What I really wanted was a real garden.

میں ہر وقت اپنے باغ کا ہی سوچتا رہتا۔

I dreamed about my garden a lot.

پھر ایک دن میں
نے ایک ایسی چیز
دیکھی جو میں
پہلے کبھی نہیں
دیکھ پایا تھا۔

Then one day,
I noticed something
I'd never seen
before.

میں ہمیشہ سوچتا کہ ہم سب سے
اوپر کی منزل پر رہتے ہیں، لیکن
لفٹ میں تو کہیں اور جانے کے
لئے ایک اور بٹن بھی تھا۔۔۔

I always thought that
we lived on the top floor,
but there was another button...

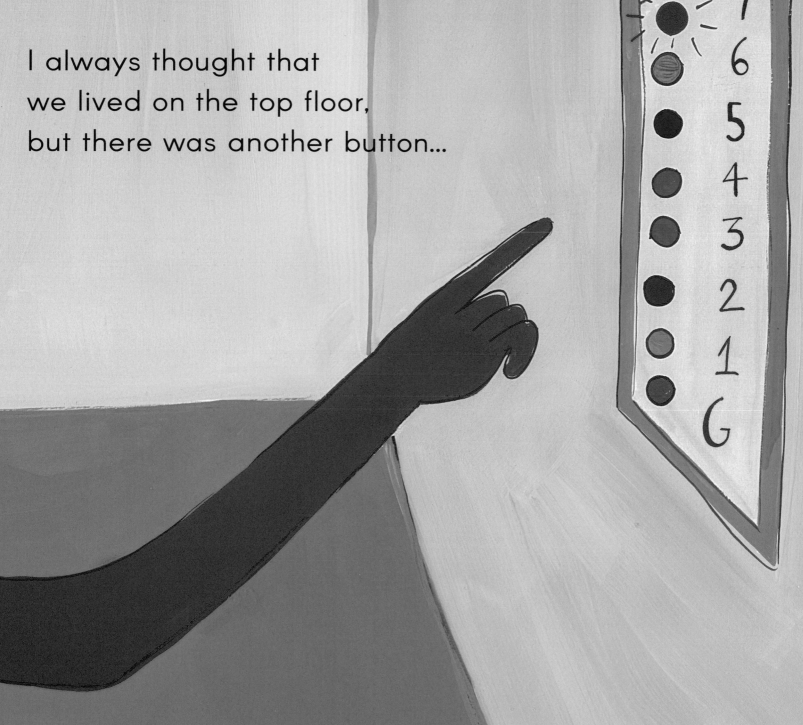

وہاں چھت تھی!

مجھے یقین نہ آیا کہ
پہلے یہاں کبھی میری
نظر ہی نہیں پڑی تھی!

...and there was a roof!

I couldn't believe
I hadn't seen it before!

یہ باغ کے لئے
بہترین جگہ تھی۔

This was the perfect
spot for the garden.

میں نے فوراً اپنے ابو اور ٹیا کو بتایا۔

I told Dad and Tia right away.

چھت پر باغ اگانے کے بارے میں جو کچھ بھی ہم
معلوم کر سکتے تھے ہم نے جانا۔

We learned as much as we could
about roof gardens.

ہم نے ایک منصوبہ بنایا۔

We made a plan.

SEEDS

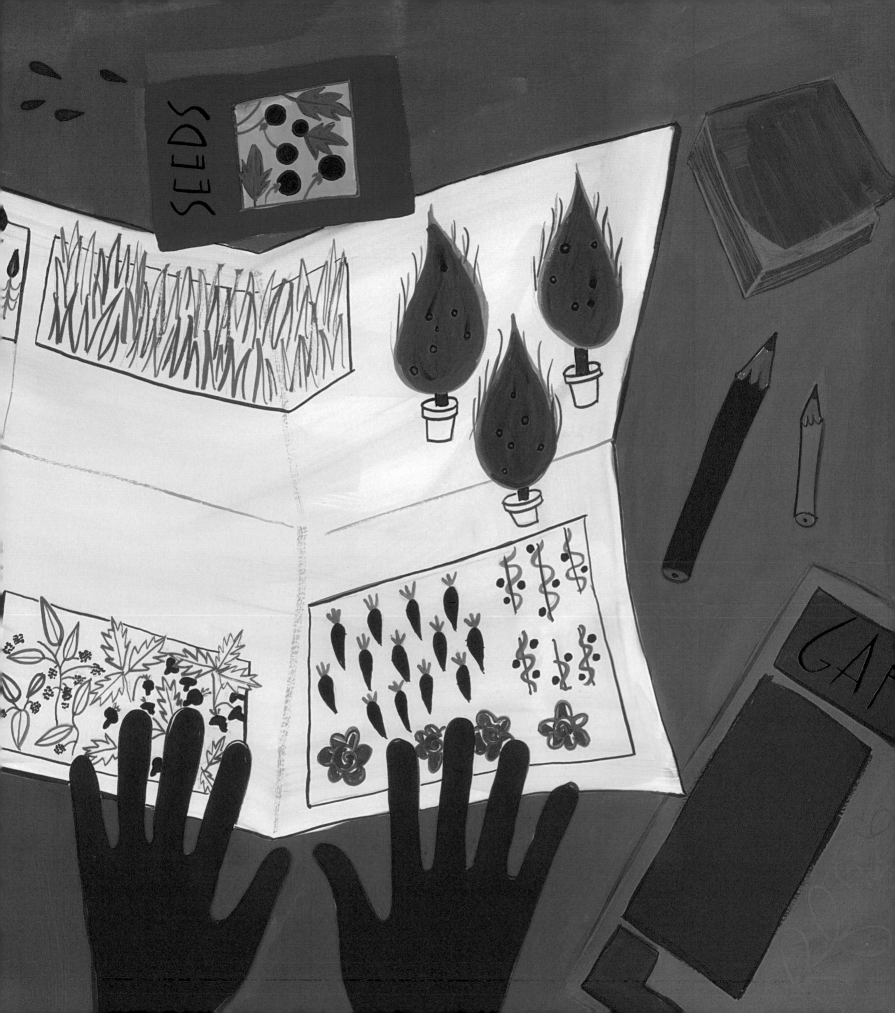

سب کو کوئی نہ کوئی مختلف چیز لانی تھی،
اور اس کا فائدہ بھی تھا...

Everyone had different things to bring...
which was good...

... کیوں کہ بہت سارے کام کرنے تھے۔

...because there were lots of different things to do.

اور ہمیشہ بہت سے کام ہوتے ہیں!

مجھے تو سارے پھل اور سبزیاں چننا پسند ہے۔

And there still are!

I love picking all the
fruit and vegetables.

گاجریں تو مجھے بہت ہی پسند ہیں! I really love carrots!

باغ تو بہت ہی دلچسپ
ہوتے ہیں کیوں کہ وہ
ہمیشہ بدلتے رہتے ہیں۔

Gardens are fun because they are always changing.

ہاں، تو اگلے سال ہم کیا اگائیں گے؟

So, what will we grow next year?

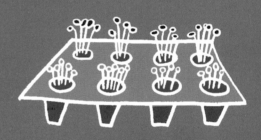